AF326195

ORDONNANCE
DU ROI,

Concernant le régiment des Gardes-suisses.

Du 1.er Juin 1763.

DE PAR LE ROI.

SA MAJESTÉ jugeant nécessaire de donner au régiment de ses Gardes-suisses, une constitution convenable à l'honneur qu'il a d'être affecté d'une manière particulière à la garde de sa Personne, & de lui régler un traitement qui y réponde; voulant de plus assurer aux Citoyens & aux Sujets du Louable Corps Helvétique & des Louables Ligues Grises, qui auront servi dans ce régiment, des récompenses proportionnées à leurs services & à leur zèle, & renouveler à une Nation, son ancienne & fidèle Alliée, les témoignages constans de sa confiance & de son amitié, SA MAJESTÉ, après avoir pris l'avis du Louable Corps Helvétique & Ligues Grises, a ordonné & ordonne ce qui suit:

ARTICLE PREMIER.

LE régimen t des Gardes-suisses de Sa Majesté, lequel,

B

indépendamment de la compagnie Générale, eſt actuellement compoſé de ſix compagnies entières & de dix demi-compagnies, le ſera à l'avenir de onze compagnies de Fuſiliers entières, & de quatre compagnies de Grenadiers, indépendamment de la compagnie Générale, qui conſervera le droit de marcher à la tête dudit régiment & de tous ceux de la même Nation.

<h3 style="text-align:center">I I.</h3>

IL ſera à cet effet formé quatre compagnies de Grenadiers, dont la compoſition ſera réglée ci-après.

<h3 style="text-align:center">I I I.</h3>

LES dix demi-compagnies ſeront ſupprimées, incorporées & réunies avec d'autres, ſur des ordres particuliers de Sa Majeſté, pour n'en compoſer que des compagnies entières, chacune ſous le commandement d'un ſeul Capitaine.

<h3 style="text-align:center">I V.</h3>

LA compagnie Générale & les quinze compagnies dont ledit régiment ſera compoſé, formeront quatre bataillons de quatre compagnies chacun, dont une de Grenadiers, de cinquante-ſix hommes, les Officiers compris, & trois de Fuſiliers, de cent ſoixante-quinze hommes chacune, auſſi les Officiers compris.

<h3 style="text-align:center">V.</h3>

L'ENSEIGNE qui eſt dans chaque compagnie, ſera ſupprimé & réformé, à la réſerve de celui qui eſt dans la compagnie Générale, lequel ſera conſervé.

<h3 style="text-align:center">V I.</h3>

IL ſera établi dans chaque compagnie, deux Fourriers; le grade d'Anſpeſſade y ſera ſupprimé, & il ſera créé, pour en tenir lieu, des places d'Appointés, dont les fonctions, ainſi que celles des Fourriers, ſeront réglées ci-après.

<h3 style="text-align:center">V I I.</h3>

L'INTENTION de Sa Majeſté étant que les compagnies ne ſoient compoſées que d'Officiers & de Soldats effectifs & utiles à ſon ſervice, les places de Trabans,

Secrétaires, Chirurgiens, Fraters, Vivandiers & autres, qui faiſoient nombre dans les compagnies, ſeront ſupprimées & éteintes.

V I I I.

CHAQUE compagnie de Grenadiers, ſera compoſée d'un Capitaine, d'un premier & ſecond Lieutenant, d'un Sous-lieutenant, de deux Sergens, d'un Fourrier, quatre Caporaux, quatre Appointés, quarante Grenadiers & d'un Tambour.

Compoſition des compagnies de Grenadiers.

Les quatre Caporaux, les quatre Appointés & les quarante Grenadiers ſeront diſtribués en quatre eſcouades de douze hommes chacune, dont un Caporal & un Appointé.

Diviſion deſdites compagnies par eſcouades.

La première & la troiſième de ces eſcouades formeront la première ſection, à laquelle ſera attaché le premier Sergent; la ſeconde & la quatrième eſcouade formeront la ſeconde ſection, à laquelle ſera attaché le ſecond Sergent; la première ſection ſera ſubordonnée au premier Lieutenant, la ſeconde au deuxième Lieutenant: ces deux Officiers en rendront tous les jours compte au Capitaine, lequel le rendra aux Officiers ſupérieurs.

I X.

L'INTENTION de Sa Majeſté eſt que les Grenadiers qui viendront à manquer, ſoient remplacés ſur le champ par les compagnies de Fuſiliers, chacune à leur tour, en payant par le Capitaine de Grenadiers la ſomme de cent cinquante livres pour chaque homme qu'il tirera, & rembourſant de plus au Capitaine de Fuſiliers ce que le Soldat pourroit lui devoir.

Remplacement des Grenadiers à meſure qu'il en manquera.

X.

CHAQUE compagnie de Fuſiliers, ſera compoſée d'un Capitaine, deux Lieutenans, deux Sous-lieutenans, ſix Sergens, deux Fourriers, douze Caporaux, douze Appointés, cent trente-deux Fuſiliers & ſix Tambours.

Compoſition des compagnies de Fuſiliers.

La compagnie Générale aura de plus un Enſeigne; lequel aura rang de Sous-lieutenant, du jour de ſon brevet d'Enſeigne.

Les douze Caporaux, les douze Appointés & les cent trente-deux Fusiliers formeront douze escouades de treize hommes chacune, y compris un Caporal & un Appointé.

La première & la septième escouade formeront une première demi-section, à laquelle sera attaché le premier Sergent.

La seconde & la huitième escouade formeront la seconde demi-section, à laquelle sera attaché le second Sergent.

La troisième & la neuvième escouade formeront la troisième demi-section, à laquelle sera attaché le troisième Sergent.

La quatrième & la dixième escouade formeront la quatrième demi-section, à laquelle sera attaché le quatrième Sergent.

La cinquième & la onzième escouade formeront la cinquième demi-section, à laquelle sera attaché le cinquième Sergent.

La sixième & la douzième escouade formeront la sixième demi-section, à laquelle sera attaché le sixième Sergent.

Les première, troisième & cinquième demi-sections formeront la première section qui sera subordonnée au premier Sous-lieutenant.

La deuxième, la quatrième & la sixième demi-section formeront la deuxième section que commandera le second Sous-lieutenant.

Le premier Sous-lieutenant rendra journellement compte au premier Lieutenant, des détails qui concerneront sa section; le second Sous-lieutenant le rendra au second Lieutenant; ces deux Officiers rendront compte tous les jours au Capitaine, & le Capitaine aux Officiers supérieurs.

X I.

IL sera créé deux places de Sous-aides-major dans ledit régiment, afin qu'il y en ait un par bataillon.

5

X I I.

Il sera établi & créé dans chaque bataillon dudit régiment, deux Porte-drapeaux.

X I I L

L'intention de Sa Majesté étant de régler aux Officiers, ainsi qu'aux Soldats, un traitement fixe & distinct ; il sera établi dans ledit régiment un Tréforier qui sera chargé de l'administration des deniers.

X I V.

Il sera établi quatre Chirurgiens à la suite dudit régiment, dont l'un sera chargé des compagnies qui seront établies à Paris, & les trois autres seront chargés des compagnies qui seront logées dans les trois corps de casernes dudit régiment : chacun de ces Chirurgiens aura sous lui deux Garçons.

X V.

Il sera établi dans chaque bataillon, deux Prevôts, qui seront uniquement chargés de la propreté des casernes & des logemens.

Il en sera auffi établi un à la suite de la compagnie Générale.

X V I.

Au moyen de ce qui est prescrit par les articles XI, XII, XIII, XIV & XV, l'État-major du régiment sera composé d'un Colonel, un Lieutenant-colonel, un Major, quatre Aides-major, quatre Sous-aides-major, deux Porte-drapeaux par bataillon, un Tréforier, un Maréchal-des-logis, un Aide-maréchal-des-logis, un Grand-juge, un Aumônier, deux autres Aumôniers, un Médecin, un Chirurgien & deux Garçons pour les compagnies qui seront à Paris; trois autres Chirurgiens, & six Garçons pour les compagnies qui seront dans les casernes; d'un premier Sergent, d'un Tambour-major, d'un Auditeur général des bandes Suiffes, d'un Secrétaire-interprète, d'un Commiffaire des vivres, & de deux Prevôts par bataillon.

XVII.

IL sera établi & créé à la suite de l'État-major de la compagnie Générale, une place de Médecin.

XVIII.

IL sera aussi attaché à la suite de l'État-major de la compagnie Générale, seize Musiciens, que Sa Majesté a jugé à propos d'y établir; lesdits Musiciens seront toujours affectés à la garde qui servira près de Sa Majesté, & subordonnés à tous les Officiers de la garde, & particulièrement à l'Aide-major de garde, lequel sera chargé de la discipline, police & entretien desdits Musiciens.

XIX.

AU moyen de quoi l'État-major de la compagnie Générale des Suisses, sera composé d'un Grand-juge, d'un Aumônier, d'un Secrétaire-interprète, d'un Médecin, d'un Chirurgien-major, d'un Sergent général, d'un Tambour-major, d'un Maréchal-des-logis, d'un Fourrier, de seize Musiciens & d'un Prevôt.

XX.

LE Major sera seul chargé d'ordonner, sous l'autorité du Colonel & du Lieutenant-colonel, les menues réparations, dont il confiera le soin aux Aides-major & Sous-aides-major, qui seront tenus de lui en rendre compte.

XXI.

LES Aides-major & les Sous-aides-major continueront de jouir des mêmes prérogatives dont ils jouissent actuellement, & rempliront les mêmes fonctions.

XXII.

LE Trésorier particulier du régiment, sera spécialement chargé de l'administration des deniers du régiment, & de faire les décomptes aux Officiers, Sergens, Caporaux, Appointés, Grenadiers, Fusiliers & Tambours de chaque compagnie.

XXIII.

CE Trésorier sera présenté par le Colonel, le Lieutenant-colonel & le Major, au Colonel général des Suisses, qui lui fera expédier le brevet néceſſaire pour remplir ladite place après qu'il l'aura agréé.

XXIV.

L'ARGENT de la Solde & de la Maſſe ou de toute autre partie, qui appartiendra audit régiment, ſera remis tous les mois au Tréſorier particulier du régiment, pour être enfermé dans une Caiſſe, dont il aura la régie, ſubordonnément au Major, ſous les ordres du Colonel général des Suiſſes.

Établiſſement d'une Caiſſe.

XXV.

CETTE Caiſſe aura trois ſerrures, dont les trois clefs ſeront entre les mains, l'une du Colonel, & en ſon abſence, du Commandant du régiment; la deuxième entre les mains du Major, & la troiſième entre celles du Tréſorier du régiment.

Trois clefs à ladite Caiſſe, & par qui gardées.

XXVI.

EN l'abſence du Colonel, la clef dont il doit être le dépoſitaire, demeurera entre les mains du Lieutenant-colonel; en l'abſence de ce dernier, entre les mains du plus ancien des Capitaines qui ſe trouveront préſens; & en l'abſence du Major, ſa clef demeurera entre les mains d'un Aide-major; de manière que dans tous les cas la Caiſſe ne puiſſe s'ouvrir qu'en préſence de trois perſonnes : Entendant Sa Majeſté que ladite Caiſſe ſoit dépoſée chez le Commandant du régiment.

Par qui les clefs gardées en l'ab-ſence du Colonel & du Major.

XXVII.

IL y aura toujours dans la Caiſſe du régiment, un état des fonds qui y ſeront mis, & un état de ceux qui en ſeront tirés, avec les cauſes de recette & de dépenſe; ces états ſeront ſignés du Commandant du corps, du Major & du Tréſorier du régiment; il en ſera remis un double au Major, & il en ſera envoyé un tous les mois au Colonel général des Suiſſes.

Adminiſtration de la Caiſſe.

XXVIII.

LE Tambour-major continuera de remplir les mêmes fonctions qu'il remplit actuellement.

Fonctions du Tambour-major.

B iiij

X X I X.

LES quatre Chirurgiens que Sa Majefté fait établir à la fuite dudit régiment, feront tenus, au moyen des appointemens qui leur font réglés, de traiter les malades dudit régiment & de leur fournir *gratis* tous les médicamens néceffaires; les Garçons feront fous les ordres defdits Chirurgiens les mêmes fonctions que les fraters des compagnies font actuellement.

X X X.

LES compagnies, dont le régiment fera compofé, ne feront dorénavant affectées à aucun canton en particulier, mais elles rouleront en général dans toute la Suiffe, & feront données lorfqu'elles deviendront vacantes, aux Officiers, foit dudit régiment, foit des autres régimens Suiffes & Grifons indiftinctement, qui les auront le mieux méritées par leurs fervices.

X X X I.

SA MAJESTÉ voulant cependant traiter favorablement les familles, qui lui font attachées depuis longtemps, & qui ont donné des preuves de leur zèle en levant des compagnies pour ledit régiment; fon intention eft, lorfque lefdites compagnies viendront à vaquer, de les donner par préférence aux defcendans des mêmes familles, s'il s'en trouve à fon fervice, qui aient l'âge & les qualités requifes pour les commander.

Déclarant au furplus Sa Majefté, qu'Elle n'accordera dans aucun cas les compagnies, foit celles qui font cenfées de famille, foit celles qui ne le font pas, à des enfans en bas âge, ni même à des Officiers qui n'auront pas plus de fept années de fervice dans le régiment des Gardes-fuiffes, ou dix au moins dans les autres régimens Suiffes & Grifons.

X X X I I.

LES Capitaines qui ne fervent point eux-mêmes à la

tête de leurs compagnies ou demi-compagnies , les perdront ; & Sa Majesté voudra bien, proportionnément à leur perte , accorder des dédommagemens qu'Elle leur fera payer exactement chaque année, & sans aucune retenue, dans le lieu de leur résidence, soit en Suisse, soit en France.

Les Capitaines qui perdront des compagnies, dédommagés.

XXXIII.

LES dettes que lesdits Capitaines pourroient avoir contractées pour fournitures faites à leurs compagnies, seront acquittées par ceux auxquels Sa Majesté jugera à propos de donner lesdites compagnies ; au moyen de quoi lesdits Capitaines ne pourront rien prétendre sur les avances qu'ils auront pu faire aux bas Officiers ou Soldats desdites compagnies.

Arrangement pour les dettes desdites compagnies.

XXXIV.

A l'égard des Capitaines, qui servent en personne à la tête des demi-compagnies qui seront incorporées dans d'autres, Sa Majesté donnera ses ordres pour les faire remplacer, soit aux compagnies entières dont les Capitaines ne serviront point, soit aux compagnies des Grenadiers.

Capitaines qui servent, & qui perdront des compagnies, remplacés.

XXXV.

AUCUN Capitaine ne pourra à l'avenir conserver sa compagnie lorsqu'il quittera le service ; se réservant Sa Majesté d'accorder aux Capitaines, ainsi qu'aux autres Officiers dudit régiment, qui, par leur âge, leurs blessures ou infirmités se trouveront dans le cas de ne pouvoir continuer de servir, des pensions proportionnées à leur grade, à l'ancienneté & à la distinction de leurs services, lesquelles pensions leur seront payées sans aucune retenue dans le lieu de leur résidence, soit en Suisse, soit en France, s'ils préfèrent d'y demeurer.

Les Capitaines ne conserveront point leurs compagnies en quittant le service.

XXXVI.

IL ne sera plus permis aux Capitaines de mettre à leurs compagnies des Capitaines-commandans, & il n'y en aura à l'avenir que dans les compagnies Générale

Les Capitaines-commandans supprimés, excepté dans les compagnies Générale & Colonelle.

& Colonelle dont les Capitaines font difpenfés par leurs charges de fervir à la tête des compagnies : Voulant cependant bien Sa Majefté que le Capitaine-commandant actuellement, attaché à la compagnie du Lieutenant-colonel y foit confervé ; mais fon intention eft qu'il ne foit point remplacé, lorfque fa place deviendra vacante de quelque manière que ce foit.

X X X V I I.

Ordre d'avancement pour les Officiers fubalternes des compagnies de Fufiliers.

L'AVANCEMENT des Officiers dans les grades fubalternes des compagnies de Fufiliers, fe fera par ancienneté dans tout le régiment, & non par compagnie, fuivant l'ufage actuel ; de manière que lorfqu'il vaquera un emploi de premier Lieutenant dans quelque compagnie que ce foit, il appartiendra de droit au plus ancien des feconds Lieutenans du régiment, pourvu que ce foit un fujet capable & de bonne conduite ; & il en fera ufé de même pour les autres grades.

X X X V I I I.

Et des compagnies de Grenadiers.

A l'égard des Officiers fubalternes des compagnies de Grenadiers, ils feront choifis, tant dans le régiment des Gardes-fuiffes, que dans tous les autres régimens Suiffes & Grifons, fans aucun égard à l'ancienneté.

X X X I X.

Seconds Sous-lieutenans préfentés par le Colonel.

LES Capitaines des compagnies de Fufiliers, continueront de propofer au Colonel, & le Colonel au Colonel général les nouveaux fujets deftinés aux emplois de fecond Sous-lieutenant, qui viendront à vaquer dans leur compagnie ; entendant Sa Majefté qu'il ne foit admis auxdits emplois que des fujets nés ou reconnus Suiffes ou des pays alliés de la Suiffe : Enjoignant Sa Majefté au Colonel général d'y tenir la main avec la plus grande exactitude.

X L.

Porte-drapeaux.

LES Porte-drapeaux feront toujours tirés du corps des Sergens du régiment ; ils tiendront rang de Lieutenant dans l'Infanterie, & en cette qualité ils marcheront avant tous les Sergens ; & lorfqu'ils ne feront plus en état de fervir, Sa Majefté voudra bien leur accorder des

11

penſions de retraite qu'Elle leur fera payer, ſans retenue, dans le lieu de leur réſidence.

X L I.

L E S deux nouvelles places de Sous-aides-major que Sa Majeſté a créées feront données aux Sous-lieutenans du régiment qui feront jugés les plus capables d'en remplir les fonctions, & ils feront propoſés par le Colonel au Colonel général des Suiſſes.

Choix des Sous - aides-major.

X L I I.

S A M A J E S T É trouvant convenable au bien de ſon ſervice, que les places de Sergens, Fourriers & Caporaux ne ſoient remplies que par des ſujets ſages, intelligens, ſachant lire, & qui aient le talent, en inſtruiſant les Soldats, de s'en faire obéir; Elle a réglé qu'à l'avenir,

Choix des Sergens.

Lorſqu'il vaquera une place de Sergent dans une compagnie, les douze plus anciens Sergens s'aſſembleront chez le Major, pour choiſir parmi les Fourriers & les Caporaux de la même compagnie, ſans avoir aucun égard à l'ancienneté, les trois ſujets qu'ils croiront les plus propres à remplir la place vacante; ils les préſenteront au Major & au Capitaine de la compagnie dans laquelle la place de Sergent ſera vacante, & ſur le rapport de ces deux Officiers, le Commandant du régiment nommera celui des trois ſujets propoſés qui lui paroîtra mériter la préférence.

X L I I I.

L O R S Q U ' I L vaquera une place de Fourrier, les douze plus anciens Fourriers s'aſſembleront chez le Major, pour choiſir parmi tous les Caporaux de la compagnie les trois ſujets qu'ils croiront les plus propres à remplir la place vacante; ils les préſenteront au Major & au Capitaine de la compagnie dans laquelle la place de Fourrier ſera vacante, de la même manière qu'il eſt expliqué dans l'article précédent pour les Sergens.

Choix des Fourriers.

X L I V.

P A R E I L L E M E N T lorſqu'il vaquera une place de Caporal, les huit plus anciens Caporaux & les quatre plus

Choix des Caporaux.

anciens Sergens du régiment, s'affembleront chez le Major, pour choifir parmi tous les Appointés & Soldats de la compagnie où il en manquera, trois fujets qu'ils préfenteront au Major & au Capitaine de la compagnie dans laquelle la place fera vacante, de la même manière qu'il eft expliqué par l'article XLII pour les Sergens.

Les bas Officiers des compagnies de Grenadiers, feront choifis dans tout le régiment, de la manière expliquée ci-deffus.

X L V.

Fonctions des Sergens. Les Sergens commanderont leurs demi-fections, les maintiendront en bonne difcipline & police, & rendront tous les jours compte aux Officiers de tous les détails qui les concernent, ainfi qu'il eft prefcrit par les articles VIII & X.

X L V I.

Fonctions des Fourriers. Les Fourriers feront chargés du détail de toutes les fubfiftances, des diftributions, du logement, du campement & de la propreté du quartier & du camp; ils auront rang de derniers Sergens & feront difpenfés de monter la garde en campagne & en garnifon.

X L V I I.

Fonctions des Caporaux. Les Caporaux veilleront fur la difcipline, la police & les exercices de leur efcouade, ils en rendront compte au Sergent de leur demi-fection, & fuppléeront aux Sergens qui pourront manquer.

X L V I I I.

Appointés. A l'égard des places d'Appointés, elles appartiendront toujours de droit aux plus anciens Soldats de chaque compagnie; ils commanderont l'efcouade dont ils feront partie, au défaut des Caporaux, qui en feront toujours les chefs.

X L I X.

Il ne pourra être reçu pour bas Officiers & Soldats que des Suiffes. Il ne fera reçu dans ledit régiment pour bas Officiers & Soldats, que des fujets nés & reconnus Suiffes, ou des pays alliés de la Suiffe; enjoignant Sa Majefté aux Colonel, Lieutenant-colonel & Major d'y tenir exactement la main, à peine d'être refponfables, chacun en leur nom, de ce qui pourroit être contraire, à cet égard, aux intentions de Sa Majesté.

Le Major aura de plus l'attention de ne recevoir pour Soldats que des hommes de la taille de cinq pieds quatre pouces au moins. *Taille requise.*

L.

Le terme des engagemens sera fixé à l'avenir, dans toutes les compagnies, à quatre années. *Terme des engagemens.*

Les Soldats qui monteront aux haute-payes ne seront point tenus de servir trois ans au-delà du terme de leur engagement; l'intention de Sa Majesté étant que le congé absolu soit régulièrement donné chaque année aux Soldats dont l'engagement sera expiré, lorsqu'ils le demanderont.

L I.

Entend cependant Sa Majesté qu'il ne soit délivré aucun congé absolu depuis le 1.er Avril de chaque année jusqu'au 1.er du mois de Novembre, & que depuis cette époque jusqu'au 1.er Avril, le congé soit expédié sans difficulté à tous les Soldats qui le demanderont, & dont le terme de l'engagement sera expiré, bien entendu qu'ils ne devront rien à personne; ces congés seront signés par le Capitaine, le Colonel, le Lieutenant-colonel & le Major. *Terme de la délivrance des congés.*

L I I.

La retenue des quatre deniers pour livre continuera d'avoir lieu sur tout ce qui se payera audit régiment, ainsi que pour toutes les autres Troupes de Sa Majesté, & en conséquence le produit du quatrième denier sera remis à la caisse de cette partie; au moyen de quoi le régiment continuera de participer, lorsque Sa Majesté le jugera à propos, aux gratifications qu'Elle veut bien accorder sur cette Caisse. *La retenue des quatre deniers pour livre continuera d'avoir lieu; le produit du quatrième remis à cette Caisse.*

L I I I.

A l'égard du produit de la retenue des trois deniers pour livre, affectés aux Invalides, il sera employé au payement des pensions que Sa Majesté accordera aux *Le produit des trois autres servira au payement des pensions d'Invalides.*

bas Officiers & Soldats dudit régiment, foit Catholiques, foit Proteftans, qui par l'ancienneté de leurs fervices, ou par leurs bleffures & infirmités, fe trouveront dans le cas de mériter leur retraite à l'hôtel royal des Invalides.

L I V.

Fixation defdites penfions. SA MAJESTÉ ayant jugé à propos de fixer lefdites penfions fur le pied,

SAVOIR;

De trois cents livres à chaque Sergent eftropié au fervice & hors d'état de le continuer.

Deux cents quarante livres à chaque Sergent qui aura feulement l'ancienneté de fervice requife pour cette grâce.

Deux cents quarante livres à chaque Fourrier eftropié au fervice & hors d'état de le continuer.

Deux cents livres à ceux qui auront l'ancienneté de fervice feulement.

Cent quatre-vingts livres à chaque Caporal eftropié au fervice & hors d'état de le continuer.

Cent foixante livres à ceux qui auront feulement l'ancienneté de fervice.

Cent foixante livres à chaque Appointé eftropié au fervice & hors d'état de le continuer.

Cent cinquante livres à ceux qui auront feulement l'ancienneté de fervice.

Cent quarante-quatre livres à chaque Soldat eftropié au fervice & hors d'état de le continuer.

Et cent vingt livres à ceux qui auront feulement l'ancienneté de fervice.

Où & comment feront payées ces penfions. Elle veut & entend que ces penfions foient payées tous les trois mois auxdits bas Officiers & Soldats, fans aucune retenue, en argent de France, par fon Ambaffadeur en Suiffe, dans le lieu de la réfidence de chaque bas Officier & Soldat, fur le certificat de vie en bonne forme du Penfionnaire, après qu'il aura juftifié de fes fervices & de fon admiffion à la penfion, par un certificat

du Colonel général, qui sera porté sur un regître que
l'Ambassadeur fera former à cet effet.

L V.

SA MAJESTÉ donnera ses ordres pour faire délivrer
par la même voie tous les huit ans à chaque bas Officier
ou Soldat invalide, un habit, veste & culotte de l'uni-
forme du régiment.

Les Invalides auront de plus un habit complet tous les huit ans.

Veut cependant bien permettre Sa Majesté, que ceux
desdits bas Officiers & Soldats qui, pour des raisons par-
ticulières, ne pourroient point demeurer chez eux, aient
la liberté de choisir une résidence dans le royaume, pour
y jouir des mêmes avantages.

L V I.

SA MAJESTÉ fera payer aux bas Officiers & aux
Soldats, auxquels Elle aura bien voulu accorder la pension
d'invalide, un mois de solde pour leur donner moyen
de retourner chez eux ou à la résidence qu'ils auront
choisie ; & Elle fera de plus délivrer à ceux qui retour-
neront en Suisse une route qui les conduira par étape
jusque sur les frontières.

Traitement pour donner moyen aux Invalides de retourner chez eux.

L V I I.

LORSQU'UN Soldat dudit régiment, après avoir
obtenu son congé absolu avant le temps prescrit pour
obtenir la pension d'Invalide, laissera écouler plus de
quinze jours sans se rengager, ses services précédens ne
lui seront point comptés, & il ne les datera, pour mériter
les Invalides, que du jour de son dernier engagement.

Services requis pour les Invalides.

L V I I I.

L'INTENTION de Sa Majesté étant que les appointemens des Officiers, Sergens, Fourriers, Caporaux,
Appointés, Grenadiers, Fusiliers & Tambours, soient fixés
& distincts les uns des autres ; & ayant jugé à propos de
régler en même temps aux uns & aux autres une paye
de paix & une paye de guerre, Elle veut & entend que
les appointemens & solde soient payés audit régiment,

Appointemens & solde en paix & en guerre.

SAVOIR;

Compagnies de Grenadiers.

	EN TEMPS DE PAIX.			EN TEMPS DE GUERRE.		
	Par jour.	Par mois.	Par an.	Par jour.	Par mois.	Par an.
Au Capitaine, seize livres treize sous quatre deniers en tout temps, ci........	16ˡ 13ˢ 4ᵈ	500ˡ //ˢ //ᵈ	6000ˡ	16ˡ 13ˢ 4ᵈ	500ˡ //ˢ //ᵈ	6000ˡ
Au premier Lieutenant, six livres treize sous quatre deniers en paix, & dix livres en guerre, ci..	6. 13. 4	200. // //	2400.	10. // //	300. // //	3600.
Au second Lieutenant, cinq livres onze sous un denier un tiers en paix, & huit livres six sous huit deniers en guerre, ci.	5. 11. 1⅓	166. 13. 4	2000.	8. 6. 8	250. // //	3000.
A chaque Sous-lieutenant, cinq livres en paix, & six livres treize sous quatre deniers en guerre, ci.	5. // //	150. // //	1800.	6. 13. 4	200. // //	2400.
Au premier Sergent, une livre douze sous en paix, & une livre seize sous huit deniers en guerre, ci..............	1. 12. //	48. // //	576.	1. 16. 8	55. // //	660.
Au second Sergent, une livre sept sous quatre deniers en paix, & une livre douze sous en guerre, ci.............	1. 7. 4	41. // //	492.	1. 12. //	48. // //	576.
A chaque Fourrier, une livre deux sous en paix, & une livre six sous en guerre, ci.........	1. 2. //	33. // //	396.	1. 6. //	39. // //	468.
A chaque Caporal, seize sous en paix, & dix-huit sous en guerre, ci.............	//. 16. //	24. // //	288.	//. 18. //	27. // //	324.
A chaque Appointé, quatorze sous en paix, & seize sous en guerre, ci.............	//. 14. //	21. // //	252.	//. 16. //	24. // //	288.
A chaque Grenadier ou Tambour, dix sous en paix, & douze sous en guerre, ci..........	//. 10. //	15. // //	180.	//. 12. //	18. // //	216.

Compagnies de Fusiliers.

	EN TEMPS DE PAIX.			EN TEMPS DE GUERRE.		
	Par jour.	Par mois.	Par an.	Par jour.	Par mois.	Par an.
Au Capitaine, seize livres treize sous quatre deniers en paix, & vingt livres en guerre, ci...	16. 13. 4	500. // //	6000.	20. // //	600. // //	7200.
Au premier Lieutenant, six livres treize sous quatre deniers en paix, & huit livres six sous huit deniers en guerre, ci......	6. 13. 4	200. // //	2400.	8. 6. 8.	250. // //	3000.
Au second Lieutenant, cinq livres onze sous un denier un tiers en paix, & sept livres quatre sous cinq deniers un tiers en guerre, ci.	5. 11. 1⅓	166. 13. 4	2000.	7. 4. 5⅓	216. // //	2600.

	EN TEMPS DE PAIX.			EN TEMPS DE GUERRE.		
	Par jour.	Par mois.	Par an.	Par jour.	Par mois.	Par an.
Au premier Sous-lieutenant, cinq livres en paix, & cinq livres seize sous huit den. en guerre, ci.	5ˡ ″ˢ ″ᵈ	150ˡ ″ˢ ″ᵈ	1800ˡ	5ˡ 16ˢ 8ᵈ	175ˡ ″ˢ ″ᵈ	2100ˡ
Au second Sous-lieutenant, quatre livres trois sous quatre deniers en paix, & cinq livres en guerre, ci.	4. 3. 4	125. ″ ″	1500.	5. ″ ″	150. ″ ″	1800.
A l'Enseigne de la compagnie Générale, quatre livres trois sous quatre deniers en paix, & cinq livres en guerre, ci.	4. 3. 4	125. ″ ″	1500.	5. ″ ″	150. ″ ″	1800.
Au premier Sergent, une livre dix sous en paix, & une livre quinze sous en guerre, ci.	1. 10. ″	45. ″ ″	540.	1. 15. ″	52. 10. ″	630.
Au second Sergent, une livre quatre sous en paix, & une livre huit sous en guerre, ci.	1. 4. ″	36. ″ ″	432.	1. 8. ″	42. ″ ″	504.
A chacun des quatre autres Sergens, une livre deux sous en paix, & une livre cinq sous en guerre, ci.	1. 2. ″	33. ″ ″	396.	1. 5. ″	37. 10. ″	450.
A chaque Fourrier, dix-huit sous en paix, & une livre deux sous en guerre, ci.	″ 18. ″	27. ″ ″	324.	1. 2. ″	33. ″ ″	396.
A chaque Caporal, quatorze sous en paix, & seize sous en guerre, ci.	″ 14. ″	21. ″ ″	252.	″ 16. ″	24. ″ ″	288.
A chaque Appointé, douze sous en paix, & quatorze sous en guerre, ci.	″ 12. ″	18. ″ ″	216.	″ 14. ″	21. ″ ″	252.
A chaque Fusilier ou Tambour, neuf sous en paix, & dix sous en guerre, ci.	″ 9. ″	13. 10. ″	162.	″ 10. ″	15. ″ ″	180.

État-major du Régiment.

	EN TEMPS DE PAIX.			EN TEMPS DE GUERRE.		
Au Colonel, indépendamment de ses appointemens de Capitaine, soixante-une livre deux sous deux den. deux tiers en tout temps, ci.	61. 2. 2⅔	1833. 6. 8	22000.	61. 2. 2⅔	1833. 6. 8	22000.
Au Lieutenant-colonel, indépendamment de ses appointemens de Capitaine, vingt-deux livres quatre sous cinq deniers un tiers en paix, & vingt-sept livres quinze sous six den. deux tiers en guerre, ci.	22. 4. 5⅓	666. 13. 4	8000.	27. 15. 6⅔	833. 6. 8	10000.
Au Major qui n'aura point de compagnie, vingt-deux livres quatre sous cinq deniers un tiers						

	EN TEMPS DE PAIX.			EN TEMPS DE GUERRE.		
	Par jour.	Par mois.	Par an.	Par jour.	Par mois.	Par an.
en paix, & vingt-sept livres quinze sous six deniers deux tiers en guerre, ci	$22^l\ 4^s\ 5^d\tfrac13$	$666^l\ 13^s\ 4^d$	8000^l	$27^l\ 15^s\ 6^d\tfrac23$	$833^l\ 6^s\ 8^d$	10000^l
ʒ A chacun des quatre Aides-major, dix livres en paix, & onze livres treize sous quatre deniers en guerre, ci	10. // //	300. // //	3600.	11.13.4	350. // //	4200.
A chacun des quatre Sous-aides-major, cinq livres onze sous un denier un tiers en paix, & six livres treize sous quatre deniers en guerre, ci	$5.11.1\tfrac13$	166.13.4	2000.	6.13.4.	200. // //	2400.
A chaque Porte-drapeau, trois livres en paix, & quatre livres en guerre, ci	3. // //	90. // //	1080.	4. // //	120. // //	1440.
Au Trésorier, huit livres six sous huit deniers en paix, & onze livres deux sous deux deniers deux tiers en guerre, ci	8. 6.8	250. // //	3000.	$11. 2.2\tfrac23$	333. 6.8	4000.
Au Maréchal-des-logis, huit livres six sous huit deniers en tout temps, ci	8. 6.8	250. // //	3000.	8. 6.8	250. // //	3000.
A l'Aide-maréchal-des-logis, une livre seize sous un denier un tiers en tout temps, ci	$1.16.1\tfrac13$	54. 3.4	650.	$1.16.1\tfrac13$	54. 3.4	650.
Au Grand-juge, trois livres six sous huit deniers en tout temps, ci.	3. 6.8	100. // //	1200.	3. 6.8	100. // //	1200.
Au premier Aumônier, deux livres deux sous deux deniers deux tiers en tout temps, ci . . .	$2. 2.2\tfrac23$	63. 6.8	760.	$2. 2.2\tfrac23$	63. 6.8	760.
A chacun des deux autres Aumôniers, une livre treize sous quatre deniers en paix, & deux livres quatre sous cinq deniers un tiers en guerre, ci	1.13.4	50. // //	600.	$2. 4.5\tfrac13$	66.13.4	800.
Au Médecin, trois livres six sous huit den. en tout temps, ci.	3. 6.8	100. // //	1200.	3. 6.8	100. // //	1200.
Au Chirurgien qui doit rester à Paris, cinq livres onze sous un denier un tiers en tout temps, ci.	$5.11.1\tfrac13$	166.13.4	2000.	$5.11.1\tfrac13$	166.13.4	2000.
A chacun de ses deux Garçons, une livre deux sous deux deniers deux tiers en tout temps, ci . . .	$1. 2.2\tfrac23$	33. 6.8	400.	$1. 2.2\tfrac23$	33. 6.8	400.
A chacun des trois autres Chirurgiens, quatre livres huit sous dix deniers deux tiers en tout temps, ci	$4. 8.10\tfrac23$	133. 6.8	1600.	$4. 8.10\tfrac23$	133. 6.8	1600.

	EN TEMPS DE PAIX.			EN TEMPS DE GUERRE.		
	Par jour.	Par mois.	Par an.	Par jour.	Par mois.	Par an.
À chacun des six Garçons qui leur seront attachés, seize sous huit deniers en tout temps, ci...	n. 16. 8	25. n. n	300	n. 16. 8	25. n. n	300
Au premier Sergent du régiment, deux livres quatre sous cinq deniers un tiers en paix, & deux livres quinze sous six deniers deux tiers en guerre, ci..	2. 4. $5\frac{1}{3}$	66. 13. 4	800.	2. 15. $6\frac{2}{3}$	83. 6. 8.	1000.
Au Tambour-major, deux livres quatre sous cinq deniers un tiers en paix, & deux livres quinze sous six deniers deux tiers en guerre, ci..............	2. 4. $5\frac{1}{3}$	66. 13. 4	800.	2. 15. $6\frac{2}{3}$	83. 6. 8.	1000.
À l'Auditeur général des bandes Suisses, six livres treize sous quatre deniers en tout temps, ci.....	6. 13. 4	200. // //	2400.	6. 13. 4.	200. // //	2400.
Au Secrétaire-interprète, trois livres six sous huit deniers en tout temps, ci...............	3. 6. 8	100. // //	1200.	3. 6. 8.	100. // //	1200.
Au Commissaire des vivres, trois livres six sous huit deniers en tout temps, ci..........	3. 6. 8	100. // //	1200.	3. 6. 8.	100. // //	1200.
A chacun des deux Prevôts qui seront attachés à chaque bataillon, neuf sous en paix, & dix sous en guerre, ci.........	// 9. //	13. 10. //	162.	// 10. //	15. // //	180.

État-major de la compagnie Générale.

	EN TEMPS DE PAIX.			EN TEMPS DE GUERRE.		
	Par jour.	Par mois.	Par an.	Par jour.	Par mois.	Par an.
Au Capitaine, indépendamment de ses appointemens, huit livres six sous huit deniers en tout temps, ci................	8. 6. 8	250. // //	3000.	8. 6. 8.	250. // //	3000.
Au Grand-juge, trois livres six sous huit deniers en tout temps, ci.................	3. 6. 8	100. // //	1200.	3. 6. 8.	100. // //	1200.
A l'Aumônier, trois livres six sous huit deniers en tout temps, ci.................	3. 6. 8	100. // //	1200.	3. 6. 8.	100. // //	1200.
Au Secrétaire-interprète, trois livres six sous huit deniers en tout temps, ci................	3. 6. 8	100. // //	1200.	3. 6. 8.	100. // //	1200.
Au Médecin, trois livres six sous huit deniers en tout temps, ci................	3. 6. 8	100. // //	1200.	3. 6. 8.	100. // //	1200.
Au Chirurgien-major, six livres six sous huit deniers en tout temps, ci.................	6. 6. 8	190. // //	2280.	6. 6. 8.	190. // //	2280.

	EN TEMPS DE PAIX.			EN TEMPS DE GUERRE.		
	Par jour.	Par mois.	Par an.	Par jour.	Par mois.	Par an.
Au Sergent général, deux livres quatre sous cinq deniers un tiers en paix, & deux livres quinze sous six deniers deux tiers en guerre, ci	2^l 4^s $5^{d\frac{1}{3}}$	66^l 13^s 4^d	800^l	2^l 15^s $6^{d\frac{2}{3}}$	83^l 6^s 8^d	1000^l
Au Tambour-major, une livre treize sous quatre deniers en paix, & deux livres quatre sous cinq deniers un tiers en guerre, ci . .	1.13.4	50. // //	600.	2. 4. $5\frac{1}{3}$	66.13.4	800.
Au Maréchal-des-logis, trois livres six sous huit deniers en tout temps, ci	3. 6.8	100. // //	1200.	3. 6.8	100. // //	1200.
Au Fourrier, trois livres six sous huit deniers en tout temps, ci.	3. 6.8	100. // //	1200.	3. 6.8	100. // //	1200.
A chacun des seize Musiciens attachés à la suite de ladite compagnie, deux livres dix sous par jour en tout temps, tant pour ses appointemens que pour son logement, ci	2.10. //	75. // //	900.	2. 10. //	75. // //	900.
A chacun desdits Musiciens, tant pour son habillement que pour les réparations annuelles de l'habillement, l'entretien des instrumens, & son chauffage au Corps-de-garde, neuf sous trois deniers un neuvième en tout temps, ci	// 9.3 $\frac{1}{9}$	13.17.9 $\frac{1}{3}$	166.13.4	// 9. 3 $\frac{1}{9}$	13. 17.9 $\frac{1}{3}$	166.13.4.
Au Prevôt, neuf sous en paix, & dix sous en guerre, ci	// 9. //	13.10. //	162. // //	// 10. //	15. // //	180. // //

Voulant Sa Majesté que la paye de guerre ne soit donnée qu'à celles des compagnies dudit régiment, qui serviront en campagne, à commencer du jour de leur arrivée à l'Armée, jusqu'à celui de leur départ pour rentrer dans le royaume, & que celles qui demeureront auprès de la personne de Sa Majesté pendant la guerre, ne touchent que la paye de paix.

L I X.

Gratifications attachées aux charges de Capitaines de Grenadiers. INDÉPENDAMMENT des appointemens réglés par l'article LVIII, à chaque Capitaine de Grenadiers, il sera attaché à leurs charges une gratification de deux mille livres en temps de paix, & de quatre mille livres en temps de guerre ; mais ils ne jouiront de cette dernière que lorſqu'ils auront ſervi en campagne.

L X.

VEUT & entend Sa Majeſté qu'indépendamment des appointemens réglés par mois aux Major, Aides-major & Sous-aides-major dudit régiment, il leur ſoit payé à chacun un mois d'appointemens de plus chaque année, pour leur tenir lieu de logement.

L X I.

VEUT & entend Sa Majeſté que les Capitaines auxquels Elle permettra de mettre à leurs compagnies des Capitaines-commandans, ſoient tenus de payer ſur leurs appointemens ces Capitaines-commandans, ſur le pied de trois cents livres par mois en temps de paix, & de trois cents cinquante livres en temps de guerre.

L X I I.

ENTEND Sa Majeſté que le traitement réglé par l'article LVIII aux Muſiciens, indépendamment de leurs appointemens, reſte dans la Caiſſe du Tréſorier du régiment, au moyen duquel traitement le Colonel général des Suiſſes donnera ſes ordres pour leur faire fournir l'habillement, le chauffage & les inſtrumens dont ils auront beſoin.

L X I I I.

SUR la ſolde réglée à chaque Sergent, Fourrier, Caporal, Appointé, Grenadier, Fuſilier & Tambour, il en ſera affecté vingt-quatre deniers par jour en temps de paix, & trente deniers en temps de guerre par chaque premier & ſecond Sergent ; vingt deniers en temps de paix, & vingt-quatre deniers en temps de guerre pour chacun des autres Sergens & Fourriers ; douze deniers en temps de paix, & ſeize deniers en temps de guerre par chaque Caporal & Appointé ; & ſix deniers en temps de paix, & dix deniers en temps de guerre par chaque Grenadier, Tambour & Fuſilier, pour ſubvenir à l'entretien du linge & de la chauſſure deſdits bas Officiers & Soldats.

L X I V.

Masse pour l'habillement & l'entretien du Soldat.

OUTRE la solde ci-deffus réglée pour ledit régiment, il fera établi une Maffe de trois fous quatre deniers par homme par jour, laquelle Maffe fera payée en tout temps fur le pied complet de chaque compagnie, à tel nombre qu'elle paffe à la revue du Commiffaire; l'intention de Sa Majefté étant que defdits trois fous quatre deniers il y ait un fou quatre deniers affecté uniquement à l'entretien du Soldat, & que les deux fous reftans foient affectés particulièrement à l'habillement, à l'équipement & à l'armement.

L X V.

Maffe de l'habillement, adminiftrée par le Colonel général.

CETTE Maffe fera remife tous les mois avec la folde au Tréforier particulier du régiment, qui la dépofera dans la Caiffe; mais Sa Majefté réferve l'adminiftration directe de la Maffe de l'habillement au Colonel général des Suiffes, lequel au moyen de ladite Maffe, donnera fes ordres pour faire habiller, équiper & armer ledit régiment.

L X V I.

Maffe de l'entretien, régie par le Major.

LE Major ordonnera feul la dépenfe à faire de la Maffe, de l'entretien du Soldat & des fournitures à lui donner; l'intention de Sa Majefté étant cependant que ces fournitures, confiftant en fouliers, chemifes, &c. foient données tous les trois mois fur les ordres du Major, & qu'il foit envoyé par le Tréforier du régiment un double de cette dépenfe au Colonel général des Suiffes.

L X V I I.

Maffe des réparations journalières.

A l'égard des réparations journalières qu'il conviendra de faire à l'habillement, équipement & armement, & de ce qui fera néceffaire pour entretenir la propreté des Soldats du régiment; Sa Majefté fera former une Maffe de huit livres pour chaque homme par an, en tout temps, laquelle Maffe fera payée fur le pied complet & remife tous les mois à la Caiffe du régiment, avec la folde & les autres Maffes pour être employée auxdites réparations: Entend au furplus Sa Majefté qu'il foit par le Tréforier du régiment envoyé tous les trois mois au Colonel général des Suisses, un double, signé du Major & de lui, de l'état de recette & de dépense de cette Masse.

L X V I I I.

SUR cette Masse, il sera donné à chaque Tambour un supplément de paye de douze deniers par jour, au moyen duquel lesdits Tambours seront tenus d'entretenir leurs caisses de peaux & de cordages, de les faire repeindre & de se fournir de baguettes.

Haute-paye donnée aux Tambours.

L X I X.

IL sera établi une Masse commune pour les recrues dudit régiment, à raison de neuf mille six cents livres par chaque compagnie de Fusiliers, laquelle Masse sera remise de mois en mois à la Caisse du Trésorier du régiment.

Masse des recrues.

L X X.

L'INTENTION de Sa Majesté est que le Colonel général des Suisses fasse payer sur ladite Masse, à chaque Capitaine de Grenadiers, la somme de quinze cents livres en temps de paix, & celle de deux mille quatre cents livres en temps de guerre, lorsque sa compagnie marchera en campagne, pour le remplacement des Grenadiers qui manqueront à sa compagnie, aux conditions portées par l'article IX de la présente ordonnance.

Sommes données aux Capitaines des Grenadiers sur cette Masse.

L X X I.

LE Colonel général des Suisses fera aussi payer sur la même Masse, à chaque Capitaine de Fusiliers, la somme de deux cents livres pour chaque homme de recrue Suisse qui aura été engagé en Suisse, & qui aura la taille & les autres qualités requises pour être admis dans ledit régiment; mais ces deux cents livres ne leur seront payées que sur deux certificats, l'un du Commandant de la place où sera établi le quartier d'assemblée du régiment, & l'autre du Colonel & du Major, qui attesteront la qualité de ces recrues à leur arrivée à Paris.

Sommes données aux Capitaines des Fusiliers sur la même Masse.

Celle de soixante livres seulement pour chaque Suisse ou fils de Suisse, que le Capitaine aura engagé en France, suivant l'état qui en sera dressé par le Major, contenant le nom, le signalement, l'âge, le lieu de la naissance ou l'origine de chacun defdits Suiffes ou fils de Suiffe, lequel fera figné & certifié par le Capitaine & le Major.

Et celle de quinze cents livres par an, auffi à chaque Capitaine de Fufiliers, pour les rengagemens qu'il fera dans fa compagnie, & dont il fournira un état figné de lui, au Major, qui le remettra au Colonel général, après l'avoir certifié.

Si un Soldat qui auroit obtenu fon congé abfolu, venoit enfuite à fe rengager, il ne pourra être cenfé nouvelle recrue & payé comme tel au Capitaine, que lorfqu'il y aura un an & un jour d'intervalle entre fon congé abfolu & fon nouvel engagement: Enjoignant Sa Majefté aux Colonel, Lieutenant-colonel & Major, de tenir la main à l'exacte obfervation de cet article, à peine d'être refponfables, chacun en leur nom, de ce qui pourroit fe paffer de contraire à cet égard aux intentions de Sa Majefté.

L X X I I.

Payes de gratifications payées fur la même Maffe.

IL fera de plus payé fur la même Maffe & fur les ordres du Colonel général des Suiffes, trente payes de gratification de neuf fous chacune à chacun des Capitaines de Fufiliers dudit régiment, dont la compagnie fera compofée, à la revue du Commiffaire, de cent foixante-fept hommes à cent foixante-quinze, les Officiers compris; & quinze payes feulement à chaque Capitaine de Fufiliers, dont la compagnie ne fera compofée que de cent foixante à cent foixante-fept hommes: l'intention de Sa Majefté étant qu'il ne foit donné aucune paye de gratification, les compagnies étant au-deffous dudit nombre de cent foixante hommes.

L X X I I I.

Quartier d'affemblée pour les recrues.

IL fera affigné pour ledit régiment, un quartier d'affemblée à Beffort, pour y recevoir les recrues dudit régiment pendant l'année entière; les recrues faites en Suiffe feront obligées de s'y rendre; il y fera établi un Officier & quatre Sergens dudit régiment, qui feron tenus de préfenter lefdites recrues, à leur arrivée, au Commiffaire des guerres nommé pour les examiner.

L X X I V.

LEDIT Commiffaire des guerres dreffera le premier de chaque mois, un procès-verbal, contenant le nom, le fignalement, l'âge, le lieu de la naiffance de chaque Soldat de recrue qui lui aura été préfenté dans le courant du mois précédent, & l'époque de fon engagement en Suiffe; & il en adreffera un double au Colonel général des Suiffes, & un autre au Commiffaire général des Suiffes & Grifons, chargé de la conduite & police du régiment des Gardes-fuiffes. *Procès-verbal pour conftater les recrues.*

L X X V.

LA folde fera payée à chaque homme de recrue, à commencer du jour de fon arrivée à Beffort & de fa réception par les Officiers dudit régiment, bien entendu qu'ils auront les qualités requifes pour entrer dans ledit régiment; l'intention de Sa Majefté étant que s'ils n'y étoient pas propres, la dépenfe que lefdits hommes de recrue occafionneroient, foit à la charge des Officiers établis au quartier d'affemblée, qui les auroient reçus. *Solde defdites recrues.*

L X X V I.

LORSQU'IL y aura quarante hommes de recrue affem- blés à Beffort, avec les qualités requifes, conformément à ce qui eft prefcrit par l'article LXXV, lefdits quarante hommes feront conduits au régiment fur une route pour le logement feulement, devant vivre au moyen de leur folde tout le long de la route: Ils feront conduits par deux Sergens, qui feront alors relevés à Beffort par deux autres Sergens. *Comment conduites au régiment.*

L X X V I I.

LES Officiers, les Sergens & les hommes de recrue recevront leurs appointemens & leur folde à Beffort, fur les revues du Commiffaire des guerres, bien entendu que lefdites revues, jointes à celles du régiment, n'ex- céderont point le complet du régiment; & à cet effet, le Commiffaire des guerres de Beffort adreffera un double *Revues defdites recrues.*

de fa revue au Commiſſaire chargé de la conduite &
police du régiment.

LXXVIII.

Sa Majesté donnera ſes ordres pour faire payer
à l'Officier qui réſidera à Beſſort, la ſomme de cent
livres par mois, à titre de ſupplément d'appointemens,
& ſix ſous par jour de ſupplément de ſolde à chaque
Sergent détaché à Beſſort; ſe réſervant Sa Majeſté de
faire relever l'Officier & les Sergens lorſqu'Elle le jugera
à propos.

LXXIX.

Au moyen du traitement réglé par la préſente ordonnance, & dont le régiment jouira, à commencer du
1.er juillet prochain, tout autre traitement, de telle eſpèce
qu'il ſoit, n'aura plus lieu; ſe réſervant Sa Majeſté de
régler tout ce qui ſera fourni audit régiment en pain,
viande & fourrage, lorſqu'il ſervira en campagne, ainſi
que l'étape qui lui ſera fournie lorſqu'il marchera dans
le royaume.

LXXX.

Le Commiſſaire chargé de la conduite & police du
régiment des Gardes-ſuiſſes, fera à la fin de chaque mois
une revue exacte dudit régiment, pour ſervir au payement de ſa ſubſiſtance; il dreſſera des extraits de cette
revue, dans laquelle il ne comprendra que les effectifs;
il y joindra un état exact du produit du non-complet,
& répondra en ſon propre & privé nom des infidélités &
des contraventions qui ſe pourroient commettre dans
ſes revues, dont il enverra un double au Secrétaire d'État
ayant le département de la guerre, & un autre au
Colonel général des Suiſſes.

LXXXI.

Veut au ſurplus Sa Majeſté que le régiment des
Gardes-ſuiſſes continue de jouir de tous les priviléges,
prérogatives, franchiſes & exemptions qui lui ont été
accordées précédemment. Mandant Sa Majeſté au ſieur

Duc de Choiseul, Colonel général des Suisses, de tenir la main à l'exécution de la présente ordonnance.

MANDE & ordonne Sa Majesté au sieur Baron de Zurlauben, Colonel du régiment de ses Gardes-suisses, au Commissaire général des Suisses & Grisons, & à tous autres ses Officiers qu'il appartiendra, de tenir la main à l'exécution de la présente, laquelle sera lûe & publiée à la tête du régiment, à ce qu'aucun n'en prétende cause d'ignorance. FAIT à Versailles le premier juin mil sept cent soixante-trois. *Signé* LOUIS. *Et plus bas,* LE DUC DE CHOISEUL.

ÉTIENNE-FRANÇOIS DE CHOISEUL, Duc de STAINVILLE, Pair de France, Chevalier des Ordres du Roi & de la Toison d'or, Lieutenant général des Armées du Roi, Colonel général des Suisses & Grisons, Gouverneur & Lieutenant général de la province de Touraine, Gouverneur & grand Bailli du pays de Vosges & de Mirecourt, Ministre & Secrétaire d'État ayant les départemens de la Guerre & de la Marine, & la correspondance avec les Cours d'Espagne & de Portugal, Grand-maître & Surintendant des Courriers, Postes & relais de France.

VU par nous l'ordonnance du Roi, donnée à Versailles le premier juin 1763, signée Louis, & plus bas, le Duc de Choiseul, & à nous adressée, pour tenir la main à son exécution; par laquelle Sa Majesté, pour les cauſes y contenues, auroit jugé à propos de régler une nouvelle compoſition & un nouveau traitement au régiment de ſes Gardes-ſuiſſes:

Nous, en vertu du pouvoir à nous accordé par Sa Majeſté, à cauſe de notredite charge de Colonel général des Suiſſes & Griſons; Mandons au ſieur Baron de Zurlauben, Colonel dudit régiment, & à tous autres qu'il appartiendra, de ſe conformer à ladite ordonnance: En témoin de quoi nous avons fait expédier la préſente, que nous avons ſignée de notre main, fait ſceller du ſceau de nos armes, & contre-ſigner par le Secrétaire général des Suiſſes & Griſons. A Verſailles le deux juin mil ſept cent ſoixante-trois. *Signé* LE DUC DE CHOISEUL. *Et plus bas*, par Monſeigneur, THIBAULT DUBOIS.

A PARIS,
DE L'IMPRIMERIE ROYALE.

M. DCCLXIV.